Bi

Po

https://camp. ⌐, unitedlibrary

Índice

Descargo de responsabilidad

Este libro biográfico es una obra de no ficción basada en la vida pública de una persona famosa. El autor ha utilizado información de dominio público para crear esta obra. Aunque el autor ha investigado a fondo el tema y ha intentado describirlo con precisión, no pretende ser un estudio exhaustivo del mismo. Las opiniones expresadas en este libro son exclusivamente las del autor y no reflejan necesariamente las de ninguna organización relacionada con el tema. Este libro no debe tomarse como un aval, asesoramiento jurídico o cualquier otra forma de consejo profesional. Este libro se ha escrito únicamente con fines de entretenimiento.

Introducción

Adéntrese en la fascinante vida y presidencia de William Jefferson Clinton, 42º Presidente de los Estados Unidos, en esta completa biografía. Como figura destacada de la política estadounidense, el viaje de Clinton desde que era un joven de Arkansas hasta convertirse en el líder del mundo libre es una cautivadora historia de ambición, triunfo y controversia.

Nacido en 1946 en Hope, Arkansas, los primeros años de Clinton estuvieron marcados por la determinación y la pasión por el servicio público. Su formación en la Universidad de Georgetown y en la Facultad de Derecho de Yale sentó las bases de una notable carrera política. Desde su cargo como Fiscal General de Arkansas hasta sus innovadoras reformas como Gobernador, el estilo de liderazgo de Clinton empezó a despuntar, lo que le valió el título de "Nuevo Demócrata".

En 1992, la histórica campaña presidencial de Clinton le llevó a la victoria sobre el actual Presidente George H. W. Bush. "Dynamics of Leadership" explora los momentos significativos de su presidencia, incluyendo la prosperidad económica, la legislación histórica y los logros en política exterior. También se examina de cerca la evolución de

Clinton desde un demócrata centrista a un líder más conservador durante su segundo mandato.

La biografía profundiza en los retos y triunfos de la presidencia de Clinton, desde sus esfuerzos por aprobar la reforma sanitaria hasta su respuesta a las crisis internacionales de Bosnia y Kosovo. También explora el escándalo personal que sacudió su administración -el asunto Clinton-Lewinsky- y el posterior juicio político.

El legado perdurable de Clinton se analiza en profundidad, incluyendo su labor humanitaria posterior a la presidencia, la creación de la Fundación Clinton y su papel como estadista mundial.

Este libro invita a la reflexión sobre un líder complejo e influyente que dejó una huella indeleble en la política y la historia de Estados Unidos. Ofrece una visión completa de su presidencia, arrojando luz sobre el hombre detrás de las controversias políticas y su impacto duradero en la nación.

Bill Clinton

William Jefferson Clinton alias Bill (nacido *William Jefferson Blythe III*; Hope, 19 de agosto de 1946) es un político estadounidense, 42º Presidente de los Estados Unidos de América de 1993 a 2001.

Con 46 años en el momento de su elección, fue el tercer presidente más joven de la historia. Su mandato comenzó al final de la Guerra Fría y fue el primer presidente de la generación *del baby boom*. Clinton ha sido descrito como un *"Nuevo Demócrata"* y sus opciones políticas siguieron la llamada *"Tercera Vía" del* centro, conciliando las posiciones tradicionales de la derecha en economía con una política social progresista.

Nacido y criado en Arkansas, estudió en la Universidad de Georgetown, donde obtuvo una beca gracias a la cual asistió a la Universidad de Oxford. Durante su estancia en la universidad, se convirtió en *líder* estudiantil y cultivó su pasión por la música. Casado con Hillary D. Rodham, ambos Clinton se licenciaron en Derecho por la Universidad de Yale, donde se conocieron y empezaron a salir. Cuando fue gobernador de Arkansas, reformó el sistema escolar del estado y fue presidente de la Asociación Nacional de Gobernadores.

Elegido Presidente en las elecciones presidenciales de 1992, durante su mandato Estados Unidos vivió uno de los periodos de paz y prosperidad económica más largos de su historia. Entre sus medidas más importantes figuran el Tratado de Libre Comercio de América del Norte y la controvertida política Don't *Ask, Don't Tell (no preguntes, no digas), que se* suponía un paso intermedio hacia la plena integración de los soldados homosexuales.

Tras un vano intento de reformar el sistema sanitario en 1994, el Partido Republicano se hizo con el control del Congreso por primera vez en 40 años. Dos años después, Clinton fue elegido para un segundo mandato, durante el cual consiguió aprobar la reforma de la asistencia social y el *Programa Estatal de Seguro Médico Infantil*, que proporcionó asistencia sanitaria a millones de niños. En 1998 fue *procesado* por perjurio y obstrucción a la justicia tras el escándalo Lewinsky, pero fue absuelto por el Senado. En los tres últimos años de su mandato, el presupuesto federal tuvo un superávit primario positivo.

Clinton dejó el cargo con el índice de aprobación más alto para un presidente desde la Segunda Guerra Mundial . Desde entonces, ha estado muy ocupado con discursos públicos y programas humanitarios. De acuerdo con su vocación filantrópica, Clinton creó la *Fundación William J. Clinton con el* objetivo de concienciar sobre temas de interés mundial como la prevención del SIDA y el calentamiento global. En 2004 publicó su autobiografía *Mi vida* (publicada en Italia con el mismo título).

Se mantuvo activo en política haciendo campaña por los candidatos demócratas, en particular por su esposa en 2008 y 2016 y por Barack Obama en 2008 y 2012. En 2009 fue nombrado *enviado especial de las Naciones Unidas* para Haití, y tras el terremoto de 2010 formó con su sucesor George W. Bush el *Fondo Clinton-Bush para Haití*. Incluso después de dejar el cargo sigue gozando de gran aprobación.

Biografía

Juventud

Bill Clinton nació como William Jefferson Blythe III, en el Hospital Julia Chester, cerca de Hope, Arkansas. Su padre, William Jefferson Blythe, Jr. (Sherman, 27 de febrero de 1918 - Sikeston, 17 de mayo de 1946), que trabajaba como viajante de comercio, murió en un accidente de automóvil tres meses antes de que Bill naciera. Su madre, Virginia Dell Cassidy (Bodcaw, 6 de junio de 1923 - Hot Springs, 6 de enero de 1994), se trasladó a Nueva Orleans poco después del nacimiento de su hijo para estudiar enfermería. Dejó a Bill en Hope con sus abuelos James Eldridge y Edith Grisham Cassidy, propietarios de una tienda de comestibles. En una época en la que existía la segregación racial en el sur de EE.UU., los abuelos de Bill vendían a crédito a personas de todas las razas. En 1950, la madre de Bill volvió de la escuela de enfermería y se casó con Roger Clinton Sr., que tenía un concesionario de coches en Hot Springs, Arkansas, con su hermano. La familia se trasladó a Hot Springs en 1950.

Aunque de niño usaba el apellido de su padrastro, no fue hasta los quince años cuando Billy (como se le conocía entonces) lo adoptó formalmente. Clinton recuerda que su padrastro jugaba y era alcohólico; también recuerda que maltrataba regularmente a su madre y a su hermanastro, Roger Clinton Jr. hasta el punto de que tuvo que intervenir muchas veces para protegerlos.

En Hot Springs, Bill asistió a las escuelas primarias *St. John's Catholic Elementary School* y *Ramble Elementary School,* y a la escuela secundaria *Hot Springs High School,* donde se convirtió en líder estudiantil, ávido lector y músico. Era miembro del coro y tocaba el saxofón tenor, por lo que obtuvo el puesto de primer saxofonista en la banda estatal. También barajó la posibilidad de seguir una carrera musical, pero, como señala en su autobiografía *Mi vida*:

Clinton mencionó dos acontecimientos clave en su vida que contribuyeron a su decisión de convertirse en una figura pública, ambos ocurridos en 1963. El primero fue visitar la Casa Blanca como senador de instituto de la *Nación de los Chicos* para conocer al Presidente John F. Kennedy. El otro acontecimiento fue escuchar el discurso *"Tengo un sueño"* de Martin Luther King, que le impresionó tanto que se lo aprendió de memoria.

Años universitarios

Con la ayuda de becas, Clinton asistió a la *Escuela de Servicio Exterior Edmund A. Walsh de* la Universidad de Georgetown en Washington, DC, obteniendo una *licenciatura en Servicio Exterior* en 1968. Pasó el verano de 1967 como becario del senador de Arkansas J. William Fulbright. Durante la universidad, se hizo hermano de la fraternidad estudiantil *Alpha Phi Omega* y fue elegido miembro de *Phi Beta Kappa*. También se unió a la Orden de DeMolay, un grupo juvenil afiliado a la masonería, pero nunca llegó a ser masón. Sigue siendo miembro de la fraternidad *Kappa Kappa Psi*.

Tras graduarse, obtuvo una prestigiosa beca (la Beca *Rhodes*) para estudiar Filosofía, Política y Economía *(PPE)* en la Universidad de Oxford. No llegó a licenciarse porque se trasladó a la Universidad de Yale antes de terminar el curso. Mientras jugaba en Oxford desarrolló un gran interés por el rugby, por lo que regresó a Estados Unidos y siguió jugando en el *club de rugby de Little Rock*, en Arkansas. En Oxford participó en protestas contra la guerra de Vietnam y, en octubre de 1969, organizó él mismo un acto de protesta.

Los adversarios políticos de Clinton le acusan de utilizar la influencia política de un senador, que le contrató como ayudante, para evitar el alistamiento. El coronel Eugene Holmes, oficial del ejército implicado en el asunto Clinton, hizo una declaración notarial durante la campaña presidencial de 1992: "Los oficiales de alistamiento me informaron de que al senador Fullbright le interesaba que Bill Clinton fuera admitido en el Programa de Formación de Oficiales (ROTC).... Creo que me engañaron a propósito y que querían utilizar el ingreso en el ROTC como estratagema para convencer a los oficiales de alistamiento de que retrasaran la inducción para poder evitarla mediante la reclasificación." Aunque legales, las acciones de Clinton fueron cuestionadas por los conservadores y algunos veteranos de Vietnam durante su campaña electoral de 1992.

Después de Oxford, Clinton asistió a la *Facultad de Derecho de* la Universidad de Yale y se licenció en 1973. En 1971 conoció en una biblioteca de la facultad a Hillary Rodham, también estudiante de Derecho, un año por delante de él. Empezaron a salir y, al cabo de un mes, Clinton pospuso sus planes de convertirse en coordinador de la campaña presidencial de George McGovern para trasladarse con ella a California. Se casaron el 11 de octubre de 1975 y su única hija, Chelsea Clinton, nació el 27 de febrero de 1980. Con el tiempo, Clinton aceptó un alto cargo en la campaña presidencial de McGovern y se trasladó a Texas con Hillary. Pasó mucho tiempo en Dallas, en la sede de la campaña en Lemmon Avenue, donde tenía su propio despacho. Allí trabajó junto al futuro alcalde de Dallas, Ron Kirk, la futura gobernadora de Texas, Ann Richards, y el entonces desconocido director Steven Spielberg.

Carrera política (1978-1992)

Gobernador de Arkansas

Tras licenciarse en Yale, Clinton regresó a Arkansas en 1973 y se convirtió en profesor de Derecho en la Universidad de Arkansas. Al año siguiente, se presentó como candidato a la Cámara de Representantes. El entonces Representante titular en la circunscripción, el republicano John Paul Hammerschmidt, derrotó a Clinton al obtener el 52% de los votos frente al 48% de su oponente. Dos años más tarde, en 1976, sin apenas oposición durante las primarias y sin oposición alguna en las elecciones generales, fue elegido *fiscal general* de Arkansas. Clinton fue elegido gobernador de Arkansas en 1978, derrotando al candidato republicano Lynn Lowe, un granjero de Texarkana.

En el momento de su elección tenía 32 años, lo que le convertía en el gobernador más joven del país. Debido a su edad, a menudo se hacía referencia a Clinton como el *"Chico Gobernador"*. Trabajó en la reforma del sistema educativo y la mejora de la red de carreteras, y su esposa Hillary presidió un comité sobre reformas de la sanidad urbana. Sin embargo, también hay que recordar el impopular impuesto sobre los vehículos de motor y la ira ciudadana por la huida en 1980 de los refugiados cubanos retenidos en Fort Chaffee (véase El éxodo del Mariel). En las primarias de 1980 derrotó a su oponente Monroe Schwarzlose, que aun así obtuvo el 31% de los votos. Esto fue visto por algunos como un presagio de la derrota de Clinton en las elecciones de ese año, ganadas por el aspirante republicano Frank D. White. Como el propio Clinton bromeó en una ocasión, se había convertido en el ex gobernador más joven de la historia del país.

Tras su derrota, Clinton se unió a su amigo Bruce Lindsey en su bufete de abogados de Little Rock. En 1982, fue elegido de nuevo gobernador, y esta vez ocupó el cargo durante 10 años. Continuó la labor de mejora del sistema escolar y promovió reformas para transformar la economía del estado. Se convirtió en una figura destacada de los llamados Nuevos *Demócratas, que se* movían más hacia el centro. Más concretamente, los Nuevos *Demócratas, organizados* en el Consejo de Liderazgo Democrático (DLC), constituyeron una rama del Partido Demócrata que abogaba, por un lado, por las reformas del bienestar y, por otro, por la reducción de la intervención estatal. En 1985, redactó la respuesta del Partido Demócrata al discurso del Presidente Ronald Reagan sobre el Estado de la Unión y fue elegido Presidente de la Asociación Nacional de Gobernadores de 1986 a 1987, ampliando su alcance más allá de Arkansas. Durante su mandato, dio prioridad al crecimiento económico, la creación de empleo y la mejora del sistema educativo. Para las personas mayores, eliminó los impuestos sobre los medicamentos y aumentó las exenciones del impuesto sobre la vivienda.

Para mejorar el sistema educativo, formó el Comité de Estándares Educativos de Arkansas, presidido por su esposa Hillary. El comité consiguió reformar el sistema educativo, que pasó de ser el peor de EEUU a uno de los mejores, logrando lo que muchos consideran el mayor éxito de Clinton como gobernador. Los principales puntos de la reforma fueron el aumento del gasto en las escuelas, la mejora de las oportunidades para los niños especialmente dotados, la posibilidad de aprender una profesión en la escuela, el aumento de los cursos disponibles, la subida de los sueldos de los profesores y la instauración de exámenes de enseñanza obligatorios para los aspirantes a profesores. Durante su carrera política, derrotó a cuatro candidatos republicanos a gobernador: Lowe (en 1978), White (en 1982 y 1986), el empresario Woody Freeman (en 1984) y Sheffield Nelson (en 1990).

Durante la década de 1980, los Clinton llevaron a cabo las transacciones económicas que más tarde constituirían la base del llamado escándalo Whitewater, que estalló en los últimos años de la presidencia de Bill Clinton. Tras una amplia investigación que duró varios años, no se presentaron cargos contra los Clinton. Según algunos,

Clinton se opuso inicialmente a la pena de muerte, pero más tarde cambió de opinión. Durante su mandato, Arkansas llevó a cabo su primera ejecución desde 1964 (la pena de muerte se había restablecido el 23 de marzo de 1973). Como gobernador, supervisó cuatro ejecuciones: una en la silla eléctrica y tres por inyección letal. Posteriormente fue el primer presidente en indultar a un condenado a muerte desde que se reintrodujo la pena capital a nivel federal en 1988.

Primarias presidenciales demócratas de 1988

En 1987, después de que Mario Cuomo rechazara la nominación y el demócrata Gary Hart abandonara la carrera tras las revelaciones sobre su infidelidad conyugal, los medios de comunicación especularon sobre la posible candidatura de Clinton a la presidencia, pero finalmente decidió seguir siendo gobernador de Arkansas. Si Bill se hubiera presentado a la presidencia, se pensó que Hillary se presentaría a gobernadora de Arkansas, y al menos inicialmente la hipótesis contó también con el apoyo de la Primera Dama.

Tras abandonar la idea de presentarse a las elecciones, apoyó al gobernador de Massachusetts, Michael Dukakis, para la candidatura demócrata. En 1988 pronunció el discurso inaugural de la Convención Demócrata de ese año. El discurso fue criticado por su duración (unos 33 minutos, el doble de lo previsto) y por su falta de expresividad, hasta el punto de que se pensó que podía poner en peligro su futura carrera política. Como miembro de los *Nuevos Demócratas,* presidió el Consejo de Liderazgo Demócrata en 1991 y 1992.

Campaña presidencial de 1992

En las elecciones presidenciales de 1992, decidió presentarse a las primarias demócratas que decidirían el abanderado del partido del asno en la carrera hacia la Casa Blanca. En la primera impugnación de las encuestas internas, que tuvo lugar en Iowa, Clinton quedó tercera, por detrás del senador local Tom Harkin. Durante la campaña en New Hampshire, algunos periódicos afirmaron que Clinton había tenido una relación extramatrimonial con la modelo Gennifer Flowers. Tras quedar muy por detrás del ex senador Paul Tsongas en las encuestas de New Hampshire, justo después de la 26ª Super Bowl, para contrarrestar las acusaciones, él y su esposa Hillary salieron en televisión en el popular programa *60 Minutes*. Su aparición televisiva fue un riesgo calculado, y Clinton consiguió recuperar apoyos: en las primarias de New Hampshire quedó segundo tras Tsongas, pero aun así obtuvo un alto porcentaje de votos (Tsongas 33%, Clinton 25%, Kerrey 11%), y dada la mala situación inicial en las encuestas, los medios de comunicación lo consideraron una victoria y le premiaron con el apodo de *"The* Comeback Kid" que él mismo se había dado.

Las victorias en los territorios de Texas y Florida, y en muchos otros estados sureños en el llamado Supermartes, dieron a Clinton una ventaja considerable. Sin embargo, el ex Gobernador de California, Jerry Brown, también seguía cosechando éxitos locales, y Clinton aún no había ganado ningún desafío fuera del Sur, considerado su bastión. En ese momento, se centró en el estado de Nueva York, que, al ser populoso, otorgaba muchos delegados y, por tanto, valía mucho en la carrera por la nominación: ganó ampliamente, sobre todo en la ciudad de Nueva York, y pudo así sacudirse la imagen de "candidata del sur". Con la victoria en California, el estado de su "rival" Brown, se aseguró matemáticamente la nominación demócrata.

Durante la campaña, surgió un debate sobre un posible conflicto de intereses entre los negocios con el Estado y el bufete de abogados *Rose,* del que Hillary Rodham Clinton era socia. Clinton se defendió afirmando que el problema no se planteaba porque las transacciones con el Estado no se tenían en cuenta a la hora de determinar el salario de Hillary en el bufete, por lo que cualquier favoritismo hacia el bufete no podía haber supuesto beneficios económicos para los Clinton. Otras críticas se referían al anuncio de Bill Clinton de que, entre él y Hillary, los votantes tendrían dos presidentes "por el precio de uno".

Durante la campaña presidencial, Clinton volvió a Arkansas para presenciar la ejecución de Ricky Ray Rector. Tras matar a un policía y a un transeúnte, Rector se había pegado un tiro en la cabeza, lobotomizándose en la práctica: según la legislación federal y de Arkansas, no se puede ejecutar a un delincuente convicto que esté mentalmente incapacitado. Sin embargo, el tribunal no estuvo de acuerdo en clasificarlo como deficiente mental y, por tanto, permitió la ejecución. El *New York Times* afirmó que el regreso de Clinton a Arkansas para la ejecución fue una maniobra política para evitar ser acusado de ser "demasiado blando con el crimen".

El entonces Presidente George H. W. Bush era considerado el favorito para las elecciones y había gozado de un apoyo cercano al 80% durante la Guerra del Golfo. Sin embargo, a pesar de haber prometido repetidamente no hacerlo durante la campaña electoral, aprobó una subida de impuestos tras un acuerdo con los demócratas para reducir el déficit. La promesa incumplida provocó un gran descontento y Clinton lo explotó en campaña condenando repetidamente a Bush por hacer promesas que no podía cumplir: en el momento de las elecciones, el índice de aprobación de Bush había caído al 40%. Además, mientras que antes los conservadores estaban unidos en la lucha contra el comunismo, con el final de la Guerra Fría y la disolución de la Unión Soviética, el partido carecía de unidad.

En la Convención Republicana de 1992, Pat Buchanan y Pat Robertson pidieron que el partido se centrara en cuestiones religiosas cristianas, y el propio Presidente Bush acusó a los demócratas de excluir a Dios de su partido; como consecuencia, muchos moderados del partido se sintieron alienados. Por el contrario, Clinton se centró en su condición de *Nuevo Demócrata* moderado, una postura que le permitió ganarse el apoyo incluso de los republicanos; sin embargo, esta postura política también le acarreó críticas y recelos por parte de la facción más liberal del partido. Como consecuencia de todo ello, muchos demócratas que habían apoyado a Ronald Reagan y Bush en las elecciones anteriores se pusieron del lado de Clinton: éste y Al Gore, su candidato a la vicepresidencia, recorrieron el país durante las últimas semanas de la campaña, consolidando su posición y prometiendo un "nuevo comienzo".

Clinton ganó las elecciones con el 43% de los votos, derrotando al Presidente Bush (37% de los votos) y al multimillonario populista Ross Perot (19% de los votos), que se presentó como independiente: una parte importante del éxito de Clinton se debió al rápido declive de Bush en la opinión pública. La elección de Clinton puso fin a 12 años de presidencia republicana, poniendo fin a un periodo en el que los republicanos habían gobernado durante 20 de los 24 años: las elecciones dieron también a los demócratas el control total del Congreso.

Presidencia (1993-2001)

Durante su presidencia, Clinton promovió una gran variedad de leyes y programas. Algunos, como el Tratado de Libre Comercio de América del Norte y la reforma de la asistencia social, se han atribuido a su visión centrista (la Tercera Vía), mientras que en otros adoptó posturas típicamente progresistas. Clinton presidió el periodo más largo de paz militar y expansión económica de la historia de Estados Unidos. La *Oficina Presupuestaria del Congreso* informó de que en los tres últimos años de su mandato hubo un superávit presupuestario de 69.000 millones de dólares en 1998, 126.000 millones en 1999 y 236.000 millones en 2000, Tras finalizar su mandato, se trasladó a Nueva York para ayudar a su esposa en su campaña al Senado.

Primer mandato, 1993-1997

Clinton tomó posesión como 42º Presidente de los Estados Unidos de América el 20 de enero de 1993. Poco después de tomar posesión, el 5 de febrero, Clinton firmó la *Ley de Baja Familiar y Médica,* que obligaba a las empresas a conceder a sus empleadas bajas no remuneradas por embarazo o problemas médicos. La ley obtuvo apoyo bipartidista y fue muy bien recibida por el público.

El 15 de febrero de 1993, Clinton pronunció su primer discurso a la nación, anunciando su plan de subir los impuestos para cubrir el déficit federal. Dos días después, en un discurso televisado ante la sesión conjunta del Congreso retransmitido a toda la nación, Clinton desveló en detalle su plan económico, más centrado en reducir el déficit que en bajar los impuestos a la clase media, como había prometido en campaña. Sus asesores le presionaron para que subiera los impuestos con la teoría de que un menor déficit federal reduciría los tipos de interés de los bonos del Estado.

El 19 de marzo de 1993, Clinton despidió a siete empleados de la Oficina de Viajes de la Casa Blanca, lo que provocó una gran polémica, a pesar de que la Oficina de Viajes trabajaba a las órdenes del Presidente, que también podía despedirlos sin motivo. La Casa Blanca alegó que los empleados habían sido despedidos por irregularidades en la gestión financiera descubiertas por una breve investigación del FBI. Algunos críticos argumentaron que el objetivo de los despidos era permitir que amigos de los Clinton se hicieran cargo del *negocio de* viajes y que la intervención del FBI estaba injustificada.

En agosto de su primer año, firmó la *Ley Ómnibus de Reconciliación Presupuestaria*. Aprobada en el Congreso sin el voto de los republicanos, recortó los impuestos a 15 millones de familias con rentas bajas, aumentó las desgravaciones fiscales a cerca del 90% de las pequeñas y medianas empresas, y las subió a quienes pertenecen al 1,2% más rico. Mediante la aplicación de límites de gasto, permitió una mejor gestión presupuestaria en los años venideros. El 22 de septiembre de 1993 pronunció un importante discurso ante el Congreso sobre la necesidad de reformar el sistema sanitario, fijando como objetivo la cobertura de todos los ciudadanos mediante un plan nacional.

La reforma era uno de los puntos más importantes de su agenda política, y el plan detallado fue ideado por un comité presidido por Hillary Clinton. Aunque inicialmente fue bien visto en los círculos políticos, la oposición conjunta de los conservadores, la Asociación Médica Nacional y las compañías de seguros sanitarios impidió su aplicación. Sin embargo, según John F. Harris, biógrafo de Clinton, la reforma fracasó por falta de coordinación dentro de la Casa Blanca. A pesar de la mayoría demócrata en el Congreso, la reforma murió finalmente cuando el proyecto de ley redactado por George J. Mitchell, fruto de un compromiso entre los partidos, no consiguió el apoyo de la mayoría y supuso la primera derrota legislativa de la administración Clinton.

En noviembre de 1993, un tal David Hale acusó a Clinton de presionarle para que prestara ilegalmente 300.000

dólares a Susan McDougal en relación con la compra de terrenos por parte de la Whitewater Corporation mientras era gobernador de Arkansas. Una investigación de la Securities and Exchange Commission condujo a la condena de los McDougal, pero los Clinton nunca fueron acusados formalmente. El 30 de noviembre de 1993, Clinton firmó la llamada *Ley Brady,* que imponía un periodo de espera de cinco días a los compradores de armas para que el gobierno pudiera realizar comprobaciones de antecedentes.

En diciembre de ese mismo año, se filtró en el programa de televisión *The American Spectator* que los policías de Arkansas Larry Patterson y Roger Perry pretendían acusar a Clinton de haberle organizado encuentros sexuales cuando era Gobernador de Arkansas. La historia mencionaba a una mujer llamada "Paula", que más tarde resultó ser Paula Jones. Más tarde, Brock se disculpó con Clinton, afirmando que las acusaciones eran fruto de un "mal periodismo" con motivaciones políticas y que "los policías eran codiciosos y tenían motivos sucios".

Durante ese mes, Clinton puso en marcha una directiva del Departamento de Defensa conocida como Don't Ask, Don't Tell (no preguntes, no digas), que permitía a los homosexuales servir en las fuerzas armadas siempre que mantuvieran en secreto su orientación sexual, al tiempo que prohibía investigar la orientación sexual de un soldado. Esta medida fue criticada tanto por la izquierda (por mostrarse demasiado vacilante a la hora de defender los derechos de los homosexuales) como por la derecha (que se oponía a permitir que los homosexuales sirvieran en las fuerzas armadas). Algunos defensores de los derechos de los homosexuales criticaron a Clinton por no hacer lo suficiente y le acusaron de hacer promesas electorales con el único fin de conseguir votos y fondos.

Según ellos, Clinton debería haber permitido la integración mediante una orden ejecutiva, señalando que el Presidente Harry Truman la había utilizado para eliminar la segregación racial de las fuerzas armadas. Los defensores de Clinton, por otra parte, afirman que una orden ejecutiva podría haber empujado al Senado a excluir por ley a los homosexuales, dificultando así la integración. Más tarde, en 1999, Clinton criticó la forma en que se aplicó la directiva, afirmando que ninguna persona seria podía decir que había funcionado como debía. En 2010, el Presidente Barack Obama derogó el Don't *Ask, Don't Tell (no preguntes, no digas)*, permitiendo que todo el mundo indicara abiertamente su orientación sexual sin peligro de ser dado de baja.

El 1 de enero de 1994, Clinton firmó el Tratado de Libre Comercio de América del Norte. Durante su primer año de mandato, Clinton había apoyado firmemente la aprobación del tratado en el Senado, al que se oponían principalmente algunas facciones republicanas, demócratas proteccionistas y partidarios de Ross Perot, su rival en las primarias. El proyecto fue aprobado en la Cámara de Representantes con 234 votos a favor y 200 en contra (132 republicanos y 102 demócratas votaron a favor; 156 demócratas, 43 republicanos y 1 independiente votaron en contra).

Poco después, fue ratificada por el Senado y firmada por el Presidente. En 1994, la *Ley Ómnibus contra el Crimen* introdujo numerosos cambios en la legislación estadounidense, entre ellos la introducción de la pena de muerte para delitos no mortales, como el tráfico de drogas a gran escala. Durante su campaña de reelección, Clinton declaró: "Mi proyecto de ley contra el crimen de 1994 amplió la pena de muerte para los capos de la droga, para quienes maten a agentes federales y para otras 60 categorías de delitos violentos".

La administración Clinton también lanzó la primera página web oficial de la Casa Blanca, [whitehouse.gov], el 21 de octubre de 1994. A la original siguieron tres versiones más, hasta la definitiva en 2000. El sitio formaba parte de un programa más amplio de comunicación a través de Internet. Según Robert Longley, "Clinton y Gore instaron prácticamente a todas las agencias federales, el poder judicial y el ejército a entrar en Internet, abriendo así el gobierno al mayor número de ciudadanos jamás visto". El

17 de julio de 1996, Clinton promulgó la Orden Ejecutiva número 13011, por la que ordenaba a los directores de todas las agencias federales que utilizaran las tecnologías de la información de forma que la información fuera accesible al público".

Tras dos años bajo el control del Partido Demócrata, los republicanos ganaron las elecciones de mitad de mandato de 1994 por primera vez en 40 años.El libro del profesor de Derecho Ken Gromley titulado *The Death of American Virtue* reveló que en 1996 Clinton había escapado a un intento de asesinato por parte de terroristas a sueldo de Osama bin Laden mientras se encontraba en Filipinas.

Mientras visitaba el Foro de Cooperación Económica Asia-Pacífico celebrado en Manila en 1996, fue rescatado justo antes de que su coche cruzara un puente donde se había colocado una bomba. Gromley afirmó que los detalles le fueron revelados por Louis Merletti, un antiguo ejecutivo del Servicio Secreto. Clinton había estado planeando una visita a un político local cuando los agentes del Servicio Secreto interceptaron un mensaje que indicaba un atentado inminente. En el mensaje se utilizaban las palabras "puente" y "matrimonio", que se creía que eran palabras en clave para referirse a un asesinato. La comitiva cambió de ruta y los agentes estadounidenses descubrieron entonces la bomba colocada bajo el puente. El informe también afirma que la investigación del incidente "reveló que el plan había sido organizado por el terrorista saudí Osama bin Laden".

Gromley afirma: "El acontecimiento siguió siendo alto secreto, con la excepción de unos pocos miembros destacados de la comunidad de inteligencia. En el momento del incidente, los medios de comunicación informaron del hallazgo de dos bombas, una en el aeropuerto de Manila y otra en el lugar de la reunión. En 1996 estalló un escándalo relacionado con el acceso no autorizado a archivos secretos del FBI por parte de algunos miembros de la Casa Blanca. Craig Livingstone, jefe de seguridad de la Casa Blanca, solicitó informes clasificados no autorizados, muchos de los cuales se referían a empleados de la anterior administración republicana. El FBI entregó los archivos. En marzo de 2000, el consejero independiente Robert Ray determinó que no había pruebas de delitos. El informe de Ray afirmaba que "no existen pruebas no indiciarias y creíbles de que un funcionario de la Casa Blanca estuviera implicado" en la petición de los archivos.

El 21 de septiembre de 1996, tres años después de Don't *Ask, Don't Tell,* Clinton firmó la *Ley de Defensa del Matrimonio (*DOMA), que proclamaba que el matrimonio era la unión legal de un hombre y una mujer. Paul Yandura, en nombre de la Oficina de Relaciones con la Comunidad LGBT de la Casa Blanca, declaró que la DOMA fue simplemente "una decisión política en época de reelección". El portavoz Richard Socarides declaró: "...las alternativas que conocíamos eran mucho peores, y era el momento de reelegir al presidente". El propio Clinton dijo que la DOMA era algo "que los republicanos habían puesto en marcha para intentar que las bases votaran al presidente Bush, creo que era obvio que tenía que hacer algo para evitarlo." Otros fueron más críticos. El representante Barney Frank calificó estas afirmaciones de "revisionismo histórico". En su editorial del 2 de julio de 2011, *The New York Times afirmaba* que "la DOMA, promulgada en 1996 como una ley destinada a elecciones inmediatas, constituyó uno de los peores momentos políticos del presidente Clinton."

Para hacer frente a la inmigración ilegal, Clinton firmó la *Ley de Reforma de la Inmigración Ilegal y Responsabilidad de los Inmigrantes* (IIRIRA). Nombrada por Clinton, la Comisión de Reforma de la Inmigración sugirió reducir la inmigración legal de 800.000 a 550.000 al año. En 1996, se descubrió que la República Popular China había intentado influir en la política estadounidense proporcionando fondos a determinados políticos. También se descubrió que algunos miembros de la propia administración Clinton estaban implicados. El gobierno chino negó todas las acusaciones.

Segundo mandato, 1997-2001

Clinton obtuvo 379 votos electorales (alrededor del 70%) frente a los 159 de Bob Dole.

En su discurso sobre el Estado de la Unión de enero de 1997, Clinton propuso una nueva iniciativa para garantizar la asistencia sanitaria a cinco millones de niños que hasta entonces carecían de ella. Los senadores Ted Kennedy -demócrata- y Orrin Hatch -republicano- se unieron a Hillary Rodham Clinton y a su equipo en 1997 y consiguieron aprobar el proyecto de ley que establecía el *Programa Estatal de Seguro Médico Infantil (*SCHIP), la reforma sanitaria más importante en los años de la presidencia de Clinton.

Ese mismo año, Hillary Clinton propuso en el Congreso la Ley de *Adopción y Familias Seguras* y dos años más tarde consiguió aprobar la *Ley de Independencia del Acogimiento Familiar*. Las dos medidas tratan de los huérfanos: la primera proporciona apoyo a las familias que adoptan niños con necesidades especiales, y la segunda ofrece una serie de ayudas a los huérfanos que han alcanzado la mayoría de edad. En octubre de 1997, anunció que estaba siguiendo un tratamiento para sus oídos, debido a una pérdida parcial de audición causada por la edad y su pasado como músico.

El 12 de noviembre de 1999, Clinton derogó la parte de la Ley Glass-Steagall que separaba la banca tradicional de la intermediación financiera; había sido promulgada en 1933 para evitar que se repitieran los colapsos bancarios causados por el crack de Wall Street de 1929. Esto provocó una crisis de liquidez en 2006 que fue el preludio de la Gran Recesión de 2008.

Juicio político

En una sesión del Congreso, que se disponía a levantar la sesión tras las elecciones de 1998, la Cámara de Representantes votó a favor de la destitución del Presidente Clinton tras el escándalo Lewinsky. Clinton fue el tercer Presidente, tras Andrew Johnson y Richard Nixon (escándalo Watergate) en ser sometido a juicio político. El motivo para iniciar el proceso fue la acusación de que había mentido sobre su relación con Monica Lewinsky, una becaria de 22 años, durante una declaración bajo juramento en el juicio Paula Jones. Después de que Kenneth Star, designado por el Congreso, publicara el ahora famoso *Informe Starr, en el que se* hallaba "información sustancial y creíble de que el Presidente Clinton cometió acciones que pueden constituir una base para la destitución", la Cámara inició el procedimiento en diciembre de 1998.

Aunque la votación en el Comité Judicial de la Cámara terminó rápidamente con todos los demócratas en contra y todos los republicanos a favor, el debate en toda la Cámara fue muy amplio. Los dos cargos que se aprobaron en la Cámara (la mayoría con apoyo republicano, pero también con algunos votos demócratas) fueron por perjurio y obstrucción a la justicia en el juicio de Paula Jones.

Mientras que a la Cámara le corresponde formalizar la acusación, al Senado le corresponde juzgar al Presidente. El Senado se negó a iniciar el juicio antes del inminente final de la legislatura, por lo que fue aplazado. Clinton estuvo representado por el bufete de abogados *Williams & Connolly* de Washington. El juicio comenzó el 22 de enero de 1999 y terminó el 12 de febrero de 1999, un total de veintiún días. En la votación final, 50 votaron a favor de la condena (y 50 a favor de la absolución) por el delito de obstrucción a la justicia, mientras que por el delito de perjurio sólo 45 votaron a favor de la condena (55 a favor de la absolución).

La Constitución estadounidense exige dos tercios de los votos a favor de la condena para destituir a un funcionario procesado, por lo que Clinton fue absuelto de todos los cargos. La votación final siguió la línea de los partidos, aunque algunos republicanos votaron a favor de la absolución.

Ejercicio del poder de la gracia

El 20 de enero de 2001, último día de su mandato, Clinton concedió 141 indultos y conmutó 36 penas. Esto causó polémica, en relación con el indulto concedido al magnate del petróleo Marc Rich y los supuestos pagos aceptados por Hugh Rodham, hermano de Hillary, para influir en esta elección del presidente.

Política Exterior

Durante la presidencia de Clinton se produjeron numerosos episodios militares. En 1993, el ejército estadounidense participó en la batalla de Mogadiscio, en la que también participaron contingentes italianos. Durante las operaciones, dos helicópteros estadounidenses fueron derribados por RPG en sus rotores de cola, atrapando a los soldados tras las líneas enemigas. En la batalla que siguió murieron 18 soldados estadounidenses, 73 resultaron heridos y un prisionero (el piloto de helicóptero del 160º SOAR, Michael Durant). El número de bajas somalíes sigue siendo objeto de debate, pero diversas fuentes lo estiman entre 300 y 700 muertos y entre 800 y 1500 heridos.

Durante la batalla propiamente dicha, no hubo bajas italianas, aunque tres soldados murieron y 36 resultaron heridos en los días anteriores. Algunos de los cuerpos de los estadounidenses muertos fueron llevados por las calles como espectáculo para la televisión. Tras la batalla, la mayoría de las fuerzas estadounidenses se retiraron, y los conflictos posteriores en la región contaron con menos soldados. En 1995, en el marco de la Operación Deliberate Force, aviones estadounidenses y de la OTAN atacaron objetivos en Bosnia para detener los ataques en las zonas seguras de la ONU e intentar que los militantes llegaran a un acuerdo de paz. Clinton hizo desplegar fuerzas estadounidenses en Bosnia en 1995 para apoyar el posterior Acuerdo de Dayton.

La captura de Osama Bin Laden fue un objetivo primordial del gobierno estadounidense desde Clinton hasta su asesinato en 2011. Mansoor Ijaz, un empresario estadounidense-paquistaní, afirmó que en 1996, cuando la administración Clinton había iniciado los intentos de capturarlo, que el gobierno de Sudán se había ofrecido a detener y extraditar a Bin Laden, y a facilitar información sobre las formaciones fundamentalistas formadas en su territorio, entre ellas Hezbolá y Hamás.

Siempre según Ijaz, las autoridades estadounidenses rechazaron la oferta a pesar de que conocían la implicación de Bin Laden en los atentados contra las embajadas estadounidenses en Kenia y Tanzania. Sin embargo, la Comisión del 11-S descubrió que, aunque "antiguos funcionarios sudaneses afirman que Sudán se ofreció a extraditar a Bin Laden a Estados Unidos", "no se han encontrado pruebas fiables que respalden las afirmaciones sudanesas". En 1998, Clinton ordenó varias misiones para capturar o matar a Bin Laden, pero todas fracasaron.

En respuesta a los atentados dirigidos por Al Qaeda en 1998 contra embajadas estadounidenses, en los que murieron 12 norteamericanos y 211 africanos, Clinton ordenó atacar con misiles dos objetivos terroristas en Sudán y Afganistán. El primero era la fábrica farmacéutica de Al-Shifa, donde se sospechaba que Osama Bin Laden producía armas químicas. El segundo eran campos de entrenamiento de terroristas. Posteriormente, Clinton fue duramente criticado por las consecuencias del ataque a la planta farmacéutica de Sudán, especialmente cuando se descubrió la debilidad de las pruebas aportadas por EEUU.

Para detener la limpieza étnica y el genocidio de albaneses por parte del partido nacionalista serbio en la antigua provincia de Kosovo, en la República Federal de Yugoslavia, Clinton autorizó el uso de tropas estadounidenses en una campaña aérea de la OTAN contra Yugoslavia. La operación, llevada a cabo en 1999, se denominó Fuerza Aliada. El General Wesley Clark fue nombrado Comandante Supremo de las Fuerzas de la OTAN en Europa. La campaña militar concluyó el 10 de junio de 1999 con la Resolución 1244 del Consejo de Seguridad de la ONU. La resolución ponía Kosovo bajo administración de la ONU y autorizaba la presencia de una fuerza de mantenimiento de la paz. La OTAN anunció que ningún soldado de la coalición había muerto en combate, mientras que dos habían perdido la vida en el accidente de un helicóptero Apache.

La prensa criticó a Clinton por afirmar antes de la guerra que se estaba produciendo un genocidio, tachando las afirmaciones de exageradas. Un tribunal de la ONU dictaminó que, efectivamente, no hubo genocidio, pero reconoció "una campaña sistemática de terror que incluía asesinatos, violaciones, incendios provocados y malos tratos graves". El término "limpieza étnica" se utilizó como alternativa a "genocidio" para describir no sólo los asesinatos por motivos étnicos, sino también los desplazamientos, aunque algunos sostienen que no hay diferencia. Slobodan Milošević, entonces presidente de Yugoslavia, fue finalmente acusado del "asesinato de unos 600 albaneses étnicos" y de "crímenes contra la humanidad". En su discurso sobre el Estado de la Unión de 1998, advirtió al Congreso de que el dictador iraquí Sadam Husein probablemente intentaría fabricar armas nucleares:

Con el fin de debilitar el poder de Sadam, el 31 de octubre de 1998, Clinton promulgó la Ley nº 4655, propuesta por la Cámara de Representantes, que apoyaba una política de "cambio de régimen", aunque establecía claramente que habría una intervención militar estadounidense. Posteriormente, el gobierno lanzó una breve campaña de bombardeos de cuatro días, del 16 al 19 de diciembre de 1998. Durante los dos últimos años de la presidencia de Clinton, la aviación estadounidense siguió atacando instalaciones antiaéreas dentro de la zona de exclusión aérea iraquí. En noviembre de 2000, Clinton fue el primer presidente que visitó Vietnam desde el final de la guerra de Vietnam.

Clinton siguió siendo muy popular durante sus dos mandatos y dejó el cargo con un índice de aprobación del 65%, el más alto desde Dwight D. Eisenhower. Durante sus años de mandato, Clinton firmó más de 270 acuerdos de libre comercio con otras naciones. El 10 de octubre de 2000, firmó una ley por la que se establecía un acuerdo comercial con la República Popular China. El Presidente declaró que el libre comercio abriría gradualmente a China a las reformas democráticas.

Tras éxitos iniciales como los Acuerdos de Oslo a principios de la década de 1990, Clinton intentó resolver el conflicto árabe-israelí. Clinton consiguió reunir en Camp David al Primer Ministro israelí Ehud Barak y al Presidente de la Autoridad Nacional Palestina Yasser Arafat. Tras el fracaso de los acuerdos de paz, Clinton declaró que Arafat "perdió la oportunidad de una paz larga y duradera". En su autobiografía *Mi vida*, Clinton culpa a Arafat del fracaso de la cumbre. La situación degeneró por completo con el estallido de la Segunda Intifada.

Nombramiento de jueces

Clinton nombró a dos jueces del Tribunal Supremo: Ruth Bader Ginsburg en 1993 y Stephen Breyer al año siguiente. Además de los magistrados del Tribunal Supremo, Clinton ha nombrado 66 jueces para el Tribunal de Apelación y 305 jueces para los Tribunales de Distrito. Con la cifra de 373, es el segundo después de Ronald Reagan en número de nombramientos judiciales. Hubo cierta controversia sobre los nombramientos, ya que 69 de los jueces federales que propuso no fueron considerados por el Comité Judicial del Senado, controlado por los republicanos, y quedaron pendientes. En total, sólo el 84% de sus nombramientos fueron confirmados.

Tras la presidencia

Clinton sigue activa en la vida pública con discursos, recaudando fondos y fundando organizaciones sin ánimo de lucro. Sigue pronunciando discursos en las convenciones demócratas, y ha intervenido en todas ellas desde la primera, en 1988.

Hasta 2008

En 2002, Clinton declaró que la guerra de Irak tendría consecuencias negativas. En 2005, en su intervención en la Conferencia de la ONU sobre el Cambio Climático celebrada en Montreal, Clinton criticó a la administración Bush por su gestión del control de las emisiones de gases a la atmósfera. En 2004, se le dedicó el Centro y Parque Presidencial William J. Clinton de Little Rock, Arkansas.

Ese mismo año publicó su autobiografía, titulada *Mi vida* (publicada en Italia con el mismo título). En 2007, publicó *Giving: How Each of Us Can Change the World* (inédito en Italia), que no sólo recibió críticas positivas, sino que se convirtió en un best seller *del New York Times*. Inmediatamente después del tsunami del océano Índico de 2004, el Secretario General de la ONU, Kofi Annan, nombró a Clinton coordinadora de la ayuda humanitaria.

Junto con el ex presidente George H. W. Bush crearon el Fondo Bush-Clinton para el Tsunami, y tras el huracán Katrina ambos crearon un fondo similar en octubre del mismo año. Como parte de la campaña de ayuda al tsunami, los dos presidentes aparecieron en un programa justo antes de la 39ª Super Bowl y viajaron a las zonas afectadas. También con su predecesor Bush, habló en el funeral de Boris Yeltsin en 2007. Fundó la *Fundación William J. Clinton*, cuyo objetivo es abordar cuestiones de importancia mundial.

Entre los programas promovidos por la asociación, destacan la *Iniciativa VIH y SIDA de la Fundación Clinton (CHAI)*, promovida junto con el gobierno australiano, para combatir el SIDA, y la *Iniciativa Global Clinton (CGI)*, que se ocupa de problemas más generales como la salud pública, la pobreza y los conflictos étnicos. En 2005, Clinton anunció que la fundación había llegado a un acuerdo con los fabricantes para poner fin a la venta de bebidas azucaradas en las escuelas.

La fundación ha recibido donaciones de muchos gobiernos de todo el mundo, incluidos países asiáticos y de Oriente Medio.En 2008, el director de la fundación, Inder Singh, anunció que se había llegado a un acuerdo para reducir en un 30% el coste de los antimaláricos en los países en desarrollo. La fundación también apoyó la

Proposición 87 de California sobre el aumento del uso de fuentes de energía renovables, pero no fue aprobada.

Elecciones presidenciales de 2008

Durante las primarias presidenciales demócratas de 2008, Clinton apoyó enérgicamente la candidatura de su esposa Hillary Clinton, para la que consiguió recaudar más de 10 millones de dólares. Algunos afirman que, como ex presidente, se implicó demasiado en el asunto y, sobre todo, se mostró demasiado negativo hacia su oponente en las primarias, Barack Obama, con lo que se alejó de sus partidarios. También discutió posteriormente con algunos miembros del personal de Hillary, sobre todo durante las primarias de Pensilvania.

Muchos pensaron que, debido a las declaraciones de Bill, los partidarios de Hillary no apoyarían entonces a Obama en su eventual victoria en las primarias. Algunos incluso pensaron que esto habría provocado una división en el partido, perjudicando así la campaña presidencial del ganador. De hecho, el 27 de agosto de 2008, Clinton apoyó con entusiasmo a Obama en la Convención Demócrata de 2008, afirmando que con toda su experiencia como presidenta podía asegurar que Obama estaba "preparado para liderar la nación". Incluso después de que terminara la carrera de Hillary, siguió recaudando dinero para ayudarla a pagar las deudas de la campaña.

Después de 2008

En 2009, Clinton visitó Corea del Norte tras la detención y encarcelamiento de las periodistas Euna Lee y Laura Ling, acusadas de entrar ilegalmente en el país desde China. Jimmy Carter había realizado una visita similar en 1994. Clinton se reunió con el líder norcoreano Kim Jong-il, quien concedió el indulto a las dos periodistas.

Desde entonces, Clinton ha sido destinado a muchas otras misiones diplomáticas. En 2009, fue nombrado *Enviado Especial de la ONU* para Haití. Tras el terremoto de Haití de 2010, Obama anunció que Clinton y su sucesor George W. Bush coordinarían la recaudación de fondos para Haití. Clinton sigue visitando Haití periódicamente para presenciar la construcción de nuevas aldeas y continuar recaudando fondos.

En 2010, Clinton anunció su apoyo a la inauguración de NTR, la primera fundación medioambiental de Irlanda. En julio de 2012, Clinton intervino en la presentación de la *Conferencia Re|Source*, una colaboración entre la Universidad de Oxford, la Fundación *Stordalen* y la Fundación Rothschild. En la Convención Demócrata de 2012, su discurso, que incluyó la candidatura de Barack Obama, fue muy apreciado.

elecciones presidenciales 2016

Durante las elecciones presidenciales de 2016 en Estados Unidos, Clinton volvió a animar a los votantes a apoyar a Hillary Clinton, incluido un mitin de campaña en Wilmington (Carolina del Norte). En una serie de tuits, el entonces presidente electo Donald Trump criticó su capacidad para conseguir que la gente fuera a votar.

Tras las elecciones presidenciales

El 7 de septiembre de 2017, Clinton se unió a los expresidentes Jimmy Carter, George H. W. Bush, George W. Bush y Barack Obama para colaborar con One America Appeal y ayudar a las víctimas de los huracanes Harvey e Irma en las comunidades de la Costa del Golfo y Texas.

Problemas de salud

En septiembre de 2004, Clinton se sometió a una cirugía de bypass cuádruple. En marzo de 2005, fue operado de un colapso pulmonar parcial. El 11 de febrero de 2010, fue trasladado de urgencia al *Hospital Presbiteriano de Columbia*, en Nueva York, tras quejarse de dolores en el pecho, y se le colocaron dos stents coronarios. Tras esta experiencia, Clinton se hizo vegano, por recomendación de los médicos Dean Ornish, Caldwell Esselstyn y T. Colin Campbell.

Opinión pública

El índice de aprobación de Clinton en su primer mandato fluctuó entre el 40% y el 50%, mientras que en el segundo osciló entre el 55% y el 70%. Alcanzó su nivel máximo de aprobación inmediatamente después de su destitución en 1998-1999. Al final de su mandato tenía un índice de aprobación del 68%, igual al de Ronald Reagan y Franklin Delano Roosevelt. Clinton y los dos que acabamos de mencionar fueron los presidentes salientes con los índices de aprobación más altos de la historia contemporánea.

Cuando estaba a punto de dejar el cargo, una encuesta conjunta de CNN, USA TODAY y Gallup reveló que el 45% de los estadounidenses le mantendrían durante otro mandato. Y aunque el 55% creía que "aún podría hacer contribuciones importantes" y, por tanto, "debería seguir activo en la vida pública", el 68% dijo que le recordaría por sus escándalos privados, y cuando se les preguntó: "¿Cree que Bill Clinton es en general honesto y digno de confianza?", respondieron que no. El 47% de los encuestados se identificaron como partidarios suyos. El mismo porcentaje dijo que le recordaría como un presidente "sobresaliente" o "por encima de la media", mientras que el 22% le calificó de "malo" o "por debajo de la media".

En febrero de 2007, la *Organización Gallup* publicó una encuesta para determinar quiénes eran los mejores presidentes de la historia de Estados Unidos. Clinton ocupó el cuarto lugar con el 13% de los votos. En 2006, el *Instituto de Sondeos de la Universidad Quinnipiac* realizó una encuesta en la que se preguntaba quiénes habían sido los mejores presidentes desde la II Guerra Mundial, y Clinton quedó en segundo lugar, tras Ronald Reagan. Sin embargo, en la misma encuesta, Clinton ocupaba el tercer puesto como peor presidente después de Richard Nixon y George W. Bush. En mayo de 2006, una encuesta de la CNN mostró que Clinton superaba a su sucesor Bush en las seis áreas temáticas.

ABC News influyó en la opinión pública sobre Clinton, afirmando, por ejemplo: "No te puedes fiar de él, tiene poca fuerza moral... e hizo un trabajo condenadamente bueno". Tras dejar el cargo, el índice de aprobación de Clinton, del 66% según las encuestas *Gallup,* fue el más alto de cualquier presidente desde la Segunda Guerra Mundial, tres puntos por encima de Ronald Reagan y John F. Kennedy. En marzo de 2010, en una encuesta conjunta realizada por *Newsmax* y *Zogby en la* que se preguntaba qué ex presidente abordaría mejor los problemas actuales de la nación, Clinton obtuvo el 41% de los votos, George W. Bush el 15%, George H. W. Bush el 7% y Jimmy Carter el 5%.

Imagen pública

Clinton fue el primer presidente nacido después de la Segunda Guerra Mundial. Según Martin Walker y Bob Woodward, los factores más importantes de su éxito hay que buscarlos en su innovador uso del diálogo basado en chistes mordaces, su carisma personal y una campaña centrada en la percepción pública. Cuando Clinton tocaba el saxofón en el popular programa de entrevistas *The Arsenio Hall Show*, algunos conservadores le llamaban "el presidente de la MTV". Los opositores a veces se dirigían a él con el apodo de *"Slick Willie"*, utilizado por primera vez cuando era gobernador y que perduró durante toda su presidencia. Con una estatura de 1,88 metros, Clinton es el cuarto presidente más alto de la historia, empatado con otros cinco. Debido a sus modales populares, recibió el apodo de "Bubba", especialmente en el sur de Estados Unidos. Desde 2000, se le conoce a menudo como *"El Gran Perro"*.

Obtuvo un gran apoyo de la comunidad afroamericana e hizo de las relaciones sociales entre razas uno de los puntos clave de su presidencia. En 1998, la premio Nobel Toni Morrison calificó a Clinton de "primer presidente negro", afirmando: "Clinton muestra casi todos los rasgos típicos de los negros: familia monoparental, nacido pobre, clase trabajadora, saxofonista, amante de la comida basura y McDonald's". Tras señalar que la vida sexual de Clinton había sido objeto de más escrutinio que los resultados de su carrera política, Morrison comparó este hecho con los estereotipos y el doble estatus que los negros suelen tener que soportar.

Acusaciones de infidelidad conyugal

Clinton fue acusado de haber mantenido numerosas relaciones extramatrimoniales, aunque sólo admitió las mantenidas con Monica Lewinsky y Gennifer Flowers. En 1994, Paula Jones le demandó por acoso sexual, alegando que había recibido *insinuaciones* en 1991, que Clinton negó. El caso fue inicialmente desestimado, pero Jones recurrió. Durante la declaración para el juicio, celebrada en la Casa Blanca, Clinton también negó haber mantenido relaciones sexuales con Monica Lewinsky, declaración por la que posteriormente fue sometido a juicio político.

Más tarde, las partes llegaron a un acuerdo y Clinton pagó a Jones 850.000 dólares. Bob Bennett, su abogado, afirmó que la única razón por la que llegó al acuerdo fue para poner fin al juicio y poder seguir con su vida. En 1992, la modelo de desnudos y actriz Gennifer Flowers afirmó que había tenido una aventura con Clinton desde 1980. Al ser interrogada sobre el asunto, ella lo negó inicialmente, pero más tarde cambió su versión. El propio Clinton admitió haber tenido un encuentro sexual con Flowers.

En 1998, Kathleen Willey acusó a Clinton de haber abusado de ella en un pasillo en 1993. Un panel independiente determinó que Willey había proporcionado al FBI información falsa que no concordaba con el testimonio jurado en el caso Jones. De nuevo, en 1998, Juanita Broaddrick acusó a Clinton de haberla violado hacia 1978, aunque no recordaba la fecha exacta. Las afirmaciones de Broaddrick resultaron contradictorias y poco fiables, y nunca llegaron a juicio. También en 1998, Elizabeth Gracen se retractó de su testimonio de seis años antes, afirmando haber pasado una noche con Clinton en 1982, y más tarde se disculpó con Hillary. Sin embargo, ese mismo año, Gracen se negó a comparecer ante el tribunal a pesar de haber sido citada como testigo por Kenneth Starr.

Agradecimientos

Varias universidades le han concedido títulos honoríficos, entre ellos el de Doctor en Derecho por la Universidad de Carolina del Norte y el de Doctor en Humanidades por el *Instituto Tecnológico de Rochester*. Se han bautizado muchas escuelas en su honor y se han erigido varias estatuas suyas en todo el mundo.

Además de en estados norteamericanos como Misuri, Arkansas, Kentucky y Nueva York, ha sido homenajeado en muchas otras naciones, como la República Checa, Papúa Nueva Guinea, Alemania y Kosovo. Esta última nación en particular, en agradecimiento por la ayuda recibida durante la guerra de Kosovo, cambió el nombre de una de las principales calles de la capital, Pristina, por el de *Bill Clinton Boulevard* e inauguró una estatua del presidente en la misma calle.

En 2001, el Secretario de Defensa, William S. Cohen, le concedió la Medalla del Departamento de Defensa al Servicio Público Distinguido. El 5 de diciembre de 2001 se inauguró el Centro Presidencial Clinton en Little Rock, Arkansas. En 1993 en solitario y de nuevo en 1998 con Kenneth Starr, Clinton fue elegido Persona del Año por la revista TIME.

Las encuestas realizadas por la *Organización Gallup* muestran que de 1993 a 2000 fue siempre el hombre más admirado del mundo, mientras que Hillary fue la mujer más admirada del mundo de 1993 a 2012 con las únicas excepciones de 1995, 1996 y 2001. En 1999, estuvo entre los dieciocho elegidos por la misma organización como los más admirados del siglo XX. Ha recibido un premio Grammy a la *mejor grabación infantil*, el *premio J. William Fulbright a la* comprensión de la situación internacional, un premio TED a la confluencia de tecnología y entretenimiento, y muchos otros premios y honores.

Obras

- (EN) Bill Clinton, Between Hope and History, Nueva York, Times Books, 1996, ISBN 978-0-8129-2913-3.

- Bill Clinton, My Life, Nueva York, Vintage Books, 2004, ISBN 978-1-4000-3003-3.

- (EN) Bill Clinton, Giving: How Each of Us Can Change the World, Nueva York, Knopf, 2007, ISBN 0-307-26674-5.

- (EN) De vuelta al trabajo: Por qué necesitamos un gobierno inteligente para una economía fuerte, Knopf, 2011, ISBN 978-0-307-95975-1.

- (EN) Bill Clinton, El presidente ha desaparecido, Longanesi, 2018, ISBN 978-88-304-5052-3.

Otros libros de United Library

https://campsite.bio/unitedlibrary

Milton Keynes UK
Ingram Content Group UK Ltd.
UKHW021824010124
435297UK00017B/1106

ISBN 978-94-6490-132-0

9 789464 901320